우리 시대 현대시조 100인선 36

낙화(洛花)

박 시 교

태학사

우리 시대 현대시조 100인선 36

낙화(洛花)

초판 인쇄 2000년 12월 28일 • 초판 발행 2001년 1월 1일 • 지은이 박시교 • 펴낸이 지현구 • 펴낸곳 태학사 • 주소 서울시 서초구 서초2동 1357-42 • 전화 (02) 584-1740(代) • 팩스 (02) 584-1730 • e-mail thaehak4@chollian.net • http://www.thaehak4.com • 등록 제22-1455호

ISBN 89-7626-612-9 04810 • ISBN 89-7626-507-6 (세트)

ⓒ 박시교, 2001
값 5,000 원

☞ 저자와 협의하에 인지를 생략합니다.
☞ 파본은 구입한 곳이나 본사에서 바꾸어 드립니다.

제7회 이호우시조문학상 시상식장에서 선배, 동료, 후배 시인들과 함께(1997)

어떤 문학 야유회에서(왼쪽부터 문창용, 박일문, 한광구, 필자, 이승철, 유성호)

조운 시인 고택 '석류' 나무 아래서(왼쪽부터 이기라, 이승철, 한 사람 건너 한광구, 권달웅, 장순하, 필자, 이근배, 김영재, 유재영)

아내와 여행길에서

차례

제1부 낙화

지상에서 가장 아름다운 이름	11
낙화·1	12
낙화·2	13
낙화·3	14
사랑을 위하여	15
별	16
가을 엽서	17
암병동에서	18
내 그대 잊기에는	19
행복·1	20
행복·2	21
행복만들기	22
사랑도 짐이 된다면	23
시인의 바보 산수(山水)	24

제2부 빈 손을 위하여

다시 수유리에서	27

빈 손을 위하여	28
겨울 광릉에서	29
어떤 산행(山行)	30
갈매기의 말	31
모노드라마	32
하산(下山)	33
바람집·1	34
바람집·2	35
바람집·3	36
바람집·4	37
바람집·5	38
바람집·6	39
바람집·별장(別章)	40

제3부 그대에게 가는 길

그대에게 가는 길	43
쓸쓸한 초상	44
너의 강·1	46
너의 강·2	47

너의 강·3	48
미로 찾기	49
목포의 눈물·1	50
목포의 눈물·2	51
그리움 또는 벼랑	52
수유리에서	53
손	54
가슴으로 오는 새벽	55
무미(無味)·1	56
무미(無味)·6	57
무미(無味)·9	58

제4부 하나가 되는 법

빈 가슴이 둘	61
하나가 되는 법	62
낮달·1	63
낮달·2	64
낮달·3	65
땅끝 일박(一泊)	66

마음	67
목(木)다리	68
첫눈	69
어떤 이별	70
겨울강	71
그 저물녘	73

해설 삶의 근원동력으로서의 허무·손진은	75
박시교 연보	89

제1부 낙화

지상에서 가장 아름다운 이름

그리운 이름 하나
가슴에 묻고 산다

시워도 돋는 풀꽃
아련한 향기 같은

그 이름
눈물을 훔치면서
뇌어 본다
어-머-니

낙화 · 1

꽃잎 분분히 지던 지난 봄 그 어느 날

 마침내 실직의 그 긴 대열에 끼이고야 만 나를 우정 위로한다며 불러낸 거래처 공장장, 눈물 글썽이며 두 손 꼭 잡는 그 힘이 너무도 따뜻했다. '우리 께도 지난 달로 거덜났어요……' 내 일보다도 그의 실직을 더 걱정하며 거푸거푸 잔을 비운다. 취하라고, 취하자고.

답답한 마음 비켜서
─보옴나알은 가안다.

누가 적막강산을 함부로 노래하는가

지마다 가슴에 묻은 깊이 모를 아픔 있어

꽃은 또 파르르 파르르 저렇듯 지누나

낙화 · 2

이제 막 북한산에 당도한 봄의 전령이

산벚꽃 무더기로 피워놓고 바삐 떠났다

일획(一劃)의 바람 스치자 무너지는 저 꽃비

낙화 · 3

꽃 진다
오월 하늘
부신 저 햇살 진다

목마른
그리움도
애절한
사랑도 진다

세월의
저편 언덕으로
말없이 가는 이여

사랑을 위하여

세상일 가만히 들여다 볼라치면

어디 눈물 아닌 것 하나 있을까만

어쩌다 목련꽃 벙그는 화사함도 보게 마련.

울멍울멍 솟구치던 가슴속 그리움도

목울대 꺼이꺼이 복바치던 울음까지

이제는 하나로 잦아들어 노래가 되던 것을.

그 노래에 애증 얹어 강물처럼 흐르던 것을

구비마다 숨죽이던 아픔은 들풀로 돋고

이윽고 그 잎에 맺힌 사랑도 보게 되리.

별

그 무슨 생각을 모아
별들은 빛나는 걸까

아직도 지상에는 말 못할 아픔이 많아

그 상처
다독이고 있는
따뜻한 손을 보네

가을 엽서

낙엽에 묻는다, 진실로 이별하기에 더없이 아름다운 계절이 어찌 이 가을 뿐이냐고

가장 아픈 순간의 눈물 한 방울이 어찌 그대로 생의 마침표가 되어야만 하느냐고

가슴이 뻥 뚫린 듯한 아, 허전한 사랑

암병동에서

문득 길 끊어지고
아뜩한 벼랑의 날

— 일순 벼락치듯 쏟아지던 당신 말씀

'네 이놈,
무엇 구걸하려고
아직껏 사는 게야'

내 그대 잊기에는

절절한 그리움은 가슴속 강이 되고
덧없이 흘러가는 시간의 푸른 물빛
내 그대 잊기에는 아직도 이른 생의 한낮에

물비늘 반짝이는 부신 이 한낮에

사랑은 또 얼마나 큰 아픔인가 새삼 느껴워져 눈물 한 자락 흥건히 흘러 또 하나의 강이 되나니 오오, 슬픔의 흔적 되나니

내 그대 잊기에는 아직도 생의 이른 날이여

행복 · 1

내 안의 불 지핀 방
언제고 비워 둔다

저물기 전 돌아와 널
지친 너의 생을 위해

아직도
끝나지 않은 방황
그 아픔의 끝을 위해

행복 · 2

마음의 부표(浮漂)였다
삶의 신기루였다

눈을 주면
아득한 별

한줄기 빛이였다

떠도는 영혼의 돛단배
그것은 섬이었다

행복만들기

가슴 속 그리움을 작파해 버렸다.
초라한 뒷모습을 보이지 않으려
우수의 노래마저도 작파해 버렸다.

지금은 한순간이 저무는 삶의 고비

 내 힘겹게 지고 온 생의 무거운 등짐, 그 과도했던 욕심의 넝마 모두를 하나 남김없이 작파해 버렸다. 냉정한 전정(剪定)을 하듯. 그리하여 저 겨울나무의 견고한 고독 닮은 내 모습을 찾을 수는 없을까. 오, 진정 그럴 수만 있다면

내 생의 희열까지도 작파해 버리겠다.

빈 벌판을 숨가쁘게 달려올 저 바람과
이제 막 울음 끊은 풀벌레의 애잔함도

단호히 작파해 버렸다
짐이 된 그 모두를.

사랑도 짐이 된다면

더불어 사는 일도 때로는 힘에 겨워

세상 그 밖으로 아주 멀리 멀리

자신을 밀쳐버리고 싶은 그런 날 있다

이제 내게 잃어버릴 그 무엇이 남았을까

사랑도 짐이 된다면 그마저도 버리고 싶다

더불어 사는 일이 아주 힘겨운 그런 날은

시인의 바보 산수(山水)

마음에 드리워진 아뜩한 벼랑 위로

몇 그루 조선소나무 아스라이 세워놓고

아직도 기다려 사는 가난한 그리움 있다

은밀한 가슴엣말 서로 나눠 가지듯

여백 한 귀퉁이엔 삶의 얘기도 적어놓았다

그렇지, 산색(山色) 풀어 담은 저 여울빛 사랑도

모자라면 모자라는 대로 넘치면 넘치는 대로

오십이 넘게 엮은 한 사내의 바보 산수

어쩌랴, 낙관 놓일 자리만 남겨놓은 바보 산수

제2부 빈 손을 위하여

다시 수유리에서

수유리에 오시려거든 되도록 비내리는 날
우산은 받지 마시고 그냥 오십시오
가슴은 술로 데우게
겉만 젖어 오십시오

우거진 상수리나무 숲길 지나 어느 등성이
굳이 정상(頂上) 아니더라도 도봉(道峰) 마주해 앉으면
마음 속 은밀한 앙금도
녹아나게 마련입니다

비오는 날 수유리에 오실 때에는 또 한가지
잊지말고 시계는 풀어놓고 오십시오
어차피 흐르는 세월은
물 같은 것이기에.

빈 손을 위하여

또 한 번 쓰러지기 위해 나는 일어선다
나뭇잎 죄다 떨군 겨울나무의 의지처럼
시작은 언제나 그렇게
힘겹고 쓸쓸했다.

등불을 밝히듯이 모든 사유들을 닦지만
남루한 모습은 끝내 지울 수가 없구나
지나온 우수의 길 위로
불 지피는 저녁놀.

아름답다, 삶의 처연한 상처까지도 아름답다
곧이어 어둠의 깊은 장막은 내려질 것이고
마침내
그 무대 뒤에서
혼절할 한 사람.

겨울 광릉에서

세상일 문닫아 버린 겨울 광릉에 가서
발목 잡는 눈에 갇혀 한 마리 짐승 되면
마침내 마음의 귀로 듣게 되는 산 우는 소리.

내 몸을 내리치는 그것은 칼바람소리

이 순백(純白)의 계절에 홀로 남루한 자, 곧은 의지의 생명들 앞에 더없이 비굴한 자의 상심(傷心). 아아 눈숲에 엎드린 작은 나의 짐승이여

타는 듯 핏빛으로 번지는 내 안의 갈증이여.

어떤 산행(山行)

숨차게 오르던 산길 문득 벼랑 되고
그 너머 큰형님 같은 도봉(道峰)이 앉았구나
생각의 여울 펼치면 길은 또 있겠지만

그렇다, 끊긴 길이라도 어디든 잇게 마련

허나, 가슴 속 천만 갈래 수없이 주고 닿았던 연(緣)과 연(緣), 이미 모질게 끊어버린 그 무수한 실타래 같은 길을 다시 이을 수는 아주 없겠지

오, 벼랑 아득하구나 삶의 푸른 현기증

갈매기의 말

파도의 흰 포말 물고
갈매기떼 달려온다

잠들지 마라
잠들지 마라
일깨우는 저 떼울음

파도의
푸른 채찍 물고
갈매기떼 달려온다.

모노드라마

사람 사는 일이
연극 같다고 너는 말했다.

사시사철 여기 수유리 산번지에 내리는 저 자욱한 안개비와 밤을 도와 우는 뻐꾸기의 피끓는 울음. 그렇지, 그것들은 아무래도 우리 사랑과 무관하지만은 않을 터. 이제 너만은 다시 관객으로 돌아가야 한다.

오늘 이 무대에 펼쳐지는
나의 모노드라마.

하산(下山)

늦은 봄 개나리도
이미 다 혼절(昏絶)한 때
수유리 화계사 뒤
산길을 오르다가
등 굽게 산색(山色)을 업은
공초(空超)선생을 만나다.

'산은 없네. 내려가면
저 밑에 있을 테지……'
집도 절도 산도
가진 적 없는 공초여
눈 들어 하늘을 보니
거기 산이 있었네.

바람집 · 1

내 곁을 아주 떠난
친구여 자넬 위해
미처 한 소절 노래도 나는 장만치 못했구나
가슴만 그렁케 하는 단지 그런 섭섭함뿐

청진동 막소주집
자네 몫의 빈 잔에
철철 넘치게 가득가득 채워지는 한 잔의 바람
아 바람, 미처 못다 부른 <청보리의 노래>여

바람집 · 2

갈대가 갈대끼리 몸부비는 언덕에 서면
세상은 더없이 크고 공허한 바람집 한 채
갈꽃만 헛말처럼 날리는 바람집 한 채

이길 수가 없다, 오늘 이 벅참들을
비늘 돋던 신명은 강으로 흘러가고
마음 속 깊은 곳으로부터 일어서는 파도여

갈대여, 네 가난한 생각 하나로는
이 아득한 우주를 지킬 수가 없다.
망연히 그저 섰을 뿐
헛말만 흩뿌릴 뿐.

바람집 · 3

우리네 가슴 속
허물어진 빈터에는
저 청산(青山) 푸른 자락도 아예 드리우지 않고
뻐꾸기 피끓는 울음도
비켜서 우는구나

하나 남루한 꽃,
그 흔한 꽃씨마저도
눈 틔우지 못하는 황량한 빈터에는
한 자락 찢어진 바람만
펄럭이고 있구나

바람집 · 4

친구여,
오늘 우리가 무엇을 노래하겠나
답답한 가슴으로 켜는 술잔의 무중력(無重力)
그렇네, 산다는 것은 이름을 지우는 일.

애써 지워도 돋아나는 건 이미 별이라네
자네와 더불어 사는 어두운 땅 별이라네
꽃이면 어찌 이보다 더 아름답다 할 것인가

그러나 어깨에는 부릴 수 없는 무거운 한 짐
쉽게 부려서도 안될 우리들 형벌의 등짐
친구여,
오늘 우리가 무엇을 노래하겠나.

바람집 · 5
— 고(故) 오윤 판화집 <칼노래>와 관련하여

곧 보게 될 것이다
인사동이나 동숭동에서

이마에는 깊은 강, 퍼런 시름의 강, 떨리는 손이 잡은 칼 끝에 후벼파인 어둠의 강 새겨넣고, 한무리 바지저고리들 신나게 어울렸구나. 하나는 북채를 잡고 또 하나는 꽹과리, 네는 날나리를 불어라, 너는 어지럽도록 상모를 돌려라, 그깟 시름의 강이야 깊으라지 가슴 속 원(怨)이야 더더욱 깊으라지

너 없는 수유리 숲에
음각(陰刻)으로 내리는 비

바람집 · 6

이제쯤 그대 오거라
수풀 잎새에 이슬 돋듯

내 이미 노래를 잃고
현(絃) 가닥도 다 끊은 때

녹이 슨
빗장 열어 젖히고
가슴엔 듯 오거라

바람집 · 별장(別章)

밤새 술 퍼마신 날 새벽의 헛구역질
사는 일이 어디 죄다 쓰리고 아픔뿐이랴
더러는 순리의 꽃도 피는 날 있다.

세상 살면서 취할 일 술뿐이랴

끝내 청산 못할 내 앞의 적자더미며, 때없이 손 벌리고
구걸한 삶의 누더기며, 때로 사랑마저도 주체 못할 힘겨운
짐이었던 여리고 눈물 많은 아, 나의 비망(備忘)

어쩌랴, 사랑할밖에 보듬어 안을밖에

제3부 그대에게 가는 길

그대에게 가는 길

가장 낮은 바다에 이르기 위해서
물은 쉼없이 흐르고 또 흐른다 하지만
사랑도
그럴 수가 있을까
너무 멀고 아득한 바다

쓸쓸한 초상

— 오윤(吳潤)의 유작전 '동네사람 세상사람'을 보고

십 년의 긴 세월 너머
오윤을 만나러 갔다.

새치가 유난히 많은 헝클어진 머리, 깡마른 속살
드러낸 홑적삼, 특유의 맨발 자세로 학고재 입구에
앉아서 관람객을 맞고 있는 그는 정작 내 지친
육신을 측은해 하는 듯했다. 벽면을 채운 액자에는
생전에 그가 오래 머물렀던 수유리 산번지
동네사람들의 다정한 모습이 각인되어 있었고, 아직
인화가 덜 된 듯한 빛바랜 사진 속의 낯익은
얼굴들도 더러 보였다.
'연전에 김용태가 만든 유고화첩 <칼노래>는
제목부터가 좀 뺑튀기한 것이지.'
라고 천연덕스럽게 말하면서 빙긋 웃었다. 나도 따라
웃으려는데 그는 이미 등을 돌리고 그 자리를
떠나면서 힘주어 말했다.
'저 그림 속 세상사람들은 적어도 속물은 아니야.'

그날 밤
수유리 집으로 나는
돌아가지 않았다.

너의 강 · 1

가서 오지 않는 것
세월뿐이 아닙디다

때로 자지러지고 녹아들고 솟구치고 하던 그런 삶의 숱한 거품들이 어찌 흘러가는 저 물과 같다 하겠습디까.
어제 흘러간 물은 이미 오늘의 강물이 아니듯 우리의 마음도 그렇게 마냥 흘러만 가게 마련입디다.

네 안의 강 같은 평화
내게도 넘칩디다

너의 강 · 2

저무는 강가에 앉아
흐르는 세월을 본다

반짝이는 저 물비늘, 이슬보다 아름답구나. 씻어도 씻어 내려도 끝내 다스릴 수 없넌 멍울, 그대 가슴 속 깊이 별로 묻었으리. 멀미나던 삶의 구비마다 숨죽여 울던 그 사랑도 함께 묻었으리, 못다 부른 노래마저도.

저무는 강가에 앉아
그대 눈물을 본다

너의 강 · 3

가끔씩은 타협하며
사는 게 인생이라며

너는 말했지, 눈물이야 마음 속의 강, 더러는 넘치기도 하고 또 사막처럼 아주 메말라 버리기도 하지만 사람들 저마다 가슴에 은밀히 간직한 샘 하나는 평생을 두고 절대 마를 수 없는 법이라고. 그리하여 되도록 뒷모습을 보이지 말아야 하는 그리움까지도 이슬처럼 영롱한 빛을 반짝이게 마련이라고. 그게 삶이라고 너는 말했지

저무는
강물의 독백이
가슴 적시던 그날.

미로 찾기

내 가서 닿아야 할 마지막 순간의 그곳
그곳으로 가는 길을 나는 아직 모른다
미로의 벽에 갇혀서
짐승처럼 헤매일 뿐

절망도 힘이 있다는 믿음마저 나는 모른다
순간의 분노와 끝없는 좌절의 되풀이
그 끝에
다가올 고요
정작 나는 모른다

상처가 얼마만큼 깊어야 미움이 되고
사랑이 곧 아픔이란 걸
나는 아직 모른다
천년을
우뚝한 저 산이 때로
운다는 사실마저도.

목포의 눈물 · 1

그리운 섬 하나 마음에 두려 목포에 갔다
이난영의 그 애절한 눈물 보러 목포에 갔다
바다를
돌아앉은 유달산이
초췌한 그 목포에

삼학도 푸른 파도는 잠든 지 이미 오래고
바닥을 다 드러낸 영산뻘은 끝이 없구나
가슴에
묻어야 할 말
'목포는 항구다'

목포의 눈물 · 2

바다의 뭇섬들은
외로울거라 생각했다

그러나 초록 꿈에 갇힌
섬들은 이미 뭍이었고

나 여기
고독한 섬 되어
그 바다를 지켜섰느니

그리움 또는 벼랑

내 그대를 생각하면 아득한 섬 떠오르고

켜켜이 몰려오는 시간의 물결 위에 이미 수없이 난파한 그리움의 배, 말갈기처럼 휘날리던 젊은 날의 허영과 민들레 씨앗처럼 가볍게 날려보냈던 사랑의 말 말 말. 다 잠재우지 못한 저 몸부림 너머 끝내 다다를 수 없는 욕망의 섬 아득히 떠오르고

바람은 또 어찌하라고
천길 벼랑 펼치는가.

수유리에서

수유리 산번지에 울어쌓는 뻐꾸기는
음절 한 끄트머리를 지워버리고 운다
어쩌면 저승 울대 빌려와 우는 것은 아닌지

공초(空超)의 낡은 흙집 가까운 숲에서는
그나마도 끊일 듯 나직나직 잦아든다
뗏장이 헐은 사이로 마치 빗물 스미듯이

손

사는 일 막막하기는 지금도 여전합니다
모든 것 부질없다 말로만 지껄일 뿐
발 끝에 밟히는 하루
그 안 갇혀 삽니다

한 번 오십시오
올 바엔 가까운 날

 오오래 감춰두고 살았던 석류 속 같은 붉은 멍울 죄다 내비치는 일 정녕 부끄러워하지 않겠습니다. 이제 와서 새삼스럽게 흉잡힌다 주저할 일도 못되니 보시고 느낀 바 한 말씀 주시면 그것으로 큰 언덕 삼겠습니다. 제 힘으로는 끝내 풀지 못할 숙명이라 한들 또 어쩝니까. 품어 안을 밖에요.

 압니다, 말없이 그냥 다둑일 그 손길.

가슴으로 오는 새벽

그대 잘도 오는구나 가슴 속 허벌판으로

와서 무더기로 피어날 저 풀꽃 낭자한 자유와, 또 취하여 제멋에 어깨춤 절로 나는 자욱한 민주와, 이미 분노한 가슴 이제야 활짝 열어젖힌 아, 자지러질 통일

그렇다, 너 올 것이라면 그것들과 함께 오라.

무미(無味)·1
— 빈잔

불러서 따뜻한 이웃들 모두 떠난 빈 자리
아픔도 열 두서너 번 껍질을 벗고 나면
속차던 살 속의 살도 더러 돌이 되던가

겨우내내 솔잎 닮아 청청히 산다지만
돌문 앞을 서성대는 바람의 허세거나
제풀에 녹아지듯 한 눈발 그것 아닌가

꽃이나 풀잎 보며 말없이 사는 이를
한번쯤 찾아가서 가슴을 나누는 일
그 일도 지금 우리에겐 헛헛한 그리움

무미(無味) · 6
― 달웅이에게

일부러 돌아오는 길섶의 수풀 한 잎
눈물인 듯 눈물인 듯 맺힌 이슬과 만난 잠시
갈증은 놀처럼 타고 멀리 누운 산등성

한때의 이 실명(失明)도 연밥처럼 잘은 익고
그 무엇도 가슴 톺긴 다 저문 하루의 끝을
그림자 장승처럼 끌고 아주 천천히 돌아온다

친구여, 만남 후에 오는 이 허망을 어쩔거나
산이 쩡쩡 울고 난 뒤 고느적 절터만 남듯
그 터에 이승만한 번뇌로 정(釘)을 들어 쪼는가

무미(無味) · 9

죄다 돌아간 뒤 쓸고 있는 한 마당 정적
그런 정적 갈볕처럼 잔잔히 젖어 오는 때
무시로 가슴 톺던 아픔도 그렇게는 여무리라

어느날 늦은 귀로에 문득 생각던 죽음
죽음 한 그나불로 저승 난간 동여매면
놀 밖엔 온몸의 피가 물파래쳐 오던 것

왼밤을 뜬눈 밝힌 이유야 모른다치고
한 소절씩 잃어 가는 내 뜨겁던 노래여
노래여, 허공을 쌓는 이승만한 바람이여

제4부 하나가 되는 법

빈 가슴이 둘

병이라면 어렵고 고통스런 병일밖에
누구를 사랑하는 일도
또한 미워하는 일도
마음이 담겨지지 않는 순간의 어지럼이다

소리내어 웃을 일도
울 일마저 다 훔쳐내고
거울에 비춰보면 낯달도 무색한 것
흥흥턴 신명 끝에 묻어온 바람이다, 허한 바람

세워도 세워지지 않는 마음의 칼날이다
그 무딘 날로 베어내는 생각의 살점이다
둥둥둥 두드려 북이 되는
빈 가슴만 두 개

하나가 되는 법

아내여
우리 둘이
하나가 되는 법은

몸살이다
열병이다
둘이 하나가 되는 법은

빗줄기
그 속에 갇혀
빗소리가 되는 일

낮달·1

그대 숨어서 우는 천만 자 눈물의 샘

한밤내 깃고깃다 곤해 지친 잠의 면적이여

오, 부신 빛의 소나기 앞에 눈뜨지 못함이여

낮달 · 2

누가 이승을 앓다 떨구고 간 병(病)인가

천지간에 온통 풀꽃 낭자히 흐트러지고

하늘엔 해쓱한 낮달 버려지듯 걸렸다

낮달·3

떠나고 없는 것들 그 자리 바람만 쌓여

닫힌 하늘 하늘 사이 외로 지켜 허한 표정

백지(白紙)로 주어진 문제 낮달 하나 그려 넣고.

땅끝 일박(一泊)

한밤내 귀를 열고 파도소리를 듣는다.

푸른 정맥이 비로소 합하여 꿈틀대는 저 소리, 아아 하나가 된 소리, 그 소리 천지(天池)의 물소리면 또 어떠랴.

여기는 아우르지 못한 반쪽 나의 땅 끝.

마음

풀꽃 하나 피워내는
아련한 아픔이었다

때로는 눈물이었다
네게는 보일 수 없는

다 저문
하루의 끝으로
나부끼는 빈 하늘

목(木)다리

웃음을 말리고 섰는 이날 나의 바지랑대
그대 고이고 선 쭉정 빈 하늘을
묵정밭 억새잎처럼 우우대는 쉰 목청

첫눈

누가 하늘 가득
느낌표를 뿌리는가

백지로 쏟아지는
먼 기억의 파편이여

그것은
또다른 분수
물보라였다
갈채였다

어떤 이별

강둑을 지켜선 한 그루 미루나무

반짝이며 흘러가는 강물과의 현란한 작별

그 끝에 감겨오는 아픔 나는 알고 있다

겨울강

오늘 이 아픔들을 말로 다 못할 것이라면
무심히 그냥 그렇게 겨울강을 가 보아라
은밀히 숨죽여 우는 겨울강을 가 보아라

짙푸르던 강줄기는 얼붙어 멈추었고
산도 굴릴 것 같던 그 몸부림도 멎었어라
누군가 이 뜻 알겠노라면 죽어서 묵도(默禱)하라

귀기울이면 선한 소리, 내심(內心)의 너 겨울강아
근심의 잔뿌리랑 잔기침의 매듭꺼정
이대로 잠보다 긴 꿈, 꿈에 갇힌 겨울강아

이제 우리네는 밤중에도 눈을 뜨고
가슴 속은 임의로 문신한 햇덩이가 탄다지만
가진 것 다 뿌려 준 후에 가득차는 이 절망아

한숨의 이 씨날에 날줄은 무얼 넣나
없는 것은 다 좋고 하나쯤 있었으면 싶은

뜨거움 숨의 뜨거움을 빙판 눕힌 겨울강아

보겠는가, 눈뜨고 눈감고 보겠는가
무심히 그냥 그렇게 겨울강을 보겠는가
상류로, 상류로부터 걱정만 쌓은 겨울강아

그 저물녘

하루를 버린 채 돌아오던 그 저물녘
그렇지, 바람만치나 가슴 허(虛)턴 그 저물녘
가만히 고갤 치켜서 눈에 쏟던 잿빛 하늘

이제 별은 뜨리리, 내 하루를 다 돌아가기 전에
별은 떠 내 발끝에 참회의 빛도 뿌려 주리라
진실로 아픈 얘기는 후일(後日)에도 말 않을 일

[해설] 삶의 근원동력으로서의 허무
– 박시교 시조의 의미 –

손 진 은
문학평론가 · 경주대 교수

1

박시교(1945~)는 1970년 25세의 나이에 『매일신문』 신춘문예에 「온돌방」이 당선되고 『현대시학』에 「노모상」, 「접목」이 추천되어 등단한 이래 줄곧 뚜렷한 시적 위치를 확보하여 온 한국의 대표적인 시조시인으로 왕성한 활동을 전개하고 있다.[1]

---

1) 이는 그가 1973년 『현대율』 창간 동인으로 참여하고, 1983년 윤금초, 이우걸, 유재영 등과 함께 『네 사람의 얼굴』이라는 대표적인 사화집을 내었을 뿐 아니라, <제1회 오늘의 시조문학상>, <제15회 중앙시조대상>, <제7회 이호우 문학상> 등 시조계의 가장 권위 있는 상을 차례로 수상한 데서도 드러나고 있다. 그는 또 등단 이후 시조론을 꾸준히 쓰고 있고, 초기에 창작했던 자유시 몇 십 편을 모두 폐기처분하고 오로지 시조에 매진하고 있을 정도로 외길을 걸어오고 있다.

박시교의 시를 읽으면 우리의 가락이 얼마나 큰 울림을 가지고 있는가를 알겠다. 속으로 여미고 겉으로 풀어내는 미묘한 울림을 따라가다 보면 우리는 제대로 된 시조는 인위적인 정형의 틀을 독자에게 강요하지 않는다는 것을 고개를 끄덕이며 확인할 수 있다. 그의 시집 어디를 따라가도 우리는 정형률의 구속을 느낄 수 없다. 그만큼 언어는 물 흐르듯 자유롭다. 말하자면 그는 시어에 있어서나 형식에 있어서 작위성을 배격하면서 시적 아름다움과 깊이를 동시에 추구하고 있는 것이다.

 그의 시는 아프고 암담하고 막막한 일상 위에 있는 자아가 자연과 사물로 표상되는 객체와의 소통 위에서 존재확인과 초월을 노래하는 특징을 보여주고 있다. 이 의미요소는 사실상 새로운 것이 아니지만, 이러한 보편적인 주제를 다루면서도 관습의 틀에 묶여 있지 않고 우리 삶의 보편적인 문제뿐만 아니라 새로운 감각으로 기존의 정서를 확장시켜 나갔다는 점에서 의미를 부여할 수 있다. 다시 말하면 그가 보여 준 보편적 정서의 개인적 굴절과정 혹은 개인적 체험의 보편화 과정은 소재적 차원의 전통 계승이라기보다 역사와 동시대를 아우르는 전통의 창조적 계승이라는 점에서 값진 것으로 평가되고 있다.

 아울러 그는 이러한 작업을 수행해나가기 위해서 몇 가지 방식을 시도했으니, 중장이 길어지는 사설시조 및 평시조와 사설시조의 혼용, 평시조 내에서의 행 배치의 자유로움을 통한 풀어쓰기 등을 통한 형식적 장치의 변화를 70년대부터 이끌어나가면서 시조가 담을 수 있는 형식과 내용의 폭을 넓혔다. 이런 과정을 통해 독자들은 한 편의 시조를 감상하면서 전혀 형식에 구애받지 않고 내용에 바로 침투해 들어갈 수 있게 되는 것이다. 그 형식의 변화를 그는 작위가 아니라 무위(無爲)의 수준으로 접근함으로써 사유의 공간을 열어주는 것은 물론, 우리 삶의 음영을 효과적으로 담아내는 데도 적지 않게 성공하고 있는 것이다. 이 형식의 문제는 지면 관계상 여기서는 생략한다.

박시교의 시 세계에 대해서는 이미 몇 논자들에 의하여 언급되고 있고,[2] 이러한 논의들에 의해서 어느 정도 그의 시 세계에 대한 윤곽이 정리되었다고 할 수 있다. 그러나 이 논의들은 부분적인 정확성에도 불구하고 단편적이고, 그나마 다른 글들 사이에 끼어서 이루어져 소략하게 다루

---

[2] 대표적인 것으로 다음과 같은 논의들이 있다.

조남현,「형식과 의식의 틈, 그 네 가지 해결 방법」(재판시집 해설), 『네 사람의 얼굴』, 1995. 1.

이지엽,「겨울, 그 純白의 칼날 의지」(시집 해설), 『가슴으로 오는 새벽』, 1997. 5.

─────,「형식의 자유로움과 그 틈새의 세상 읽기」, 『열린시조』, 1996. 겨울.

장경렬,「시간성의 시학」, 『시조시학』, 1992. 겨울.

─────,「단형시조의 깊이와 아름다움」, 『열린시조』, 1999. 겨울.

진순애,「썼다 지우는 그리움의 서정」, 『열린시조』, 1997. 봄.

어진 점이 발견된다.

　이 글은 이러한 박시교 시인의 시들을 보다 심층적으로 조명하기 위해 쓰여진다.

2

　박시교가 주된 시적 관심으로 쏟은 것은 존재의 근원적인 허무에 대한 성찰이다. "세상 일 가만히 들여다 볼라치면/ 어디 눈물 아닌 것 하나 있을까"(「사랑을 위하여」), "아직도 지상에는 말 못할 아픔이 많아"(「별」), "사랑은 또 얼마나 큰 아픔인가"(「내 그대 잊기에는」) "숨죽여 우는 겨울강", "상류로부터 걱정만 쌓은 겨울강"(「겨울강」) 등 눈에 띄는 대로 잡아본 그의 시의 어느 구절에서도 그 특징은 드러난다. 이는 또 시 제목 자체가 「바람집」, 「무미」 연작으로 드러나는 데서도 알 수 있다. 그는 아예 "세상은 더없이 크고 공허한 바람집 한 채"이며, "이길 수가 없다, 오늘 이 벅참들을"(「바람집·2」)이라고 말하면서 헤쳐나가는 것의 어려움을 토로한다.

　물론 이를 우리는 허무에의 의지라고까지 부를 수는 없다고 하더라도, 이 세계를 수용해낼 마음가짐을 의지적으로 마련하는 것으로서 허무의 적극적 수용방식이라고 할 수는 있다. 삶이 근본적으로 가지고 있는 허무를 노래하되 단순히 정서의 과잉노출로 점철되어 있지 않고, 삶의 본질에 대한 통찰이 전제되어 있다는 점에서 대상의 허무에

직면하고 있는 화자의 가장 적극적인 시적 태도라고 할
수 있다.

> 불러서 따뜻한 이웃들 모두 떠난 빈 자리
> 아픔도 열 두서너 번 껍질을 벗고 나면
> 속차던 살 속의 살도 더러 돌이 되던가
>
> 겨우내내 솔잎 닮아 청청히 산다지만
> 돌문 앞을 서성대는 바람의 허세거나
> 제풀에 녹아지듯 한 눈발 그것 아닌가
>
> 꽃이나 풀잎 보며 말없이 사는 이를
> 한번쯤 찾아가서 가슴을 나누는 일
> 그 일도 지금 우리에겐 헛헛한 그리움
>
> — 「무미・1」 전문

 첫째 수가 순전한 허무에 도달한 자의 모습을 상정하여 그린 것이라면, 둘째, 셋째 수는 일상적 삶의 진실이라고 부르는 것의 허위를 진술로서 처리하고 있다. 그에게 있어 허무는 아픔이라는 것의 껍질들을 철저하게 벗고 또 벗고 홀로로서의 고독과 소외의 중심부로 들어갈 때, 살이 돌이 되는 단계에서 얻어지는 것이다. 거기에 비하면 "솔잎 닮아 청청히" 산다는 일상적인 삶의 알량한 진실은 "돌문 앞을 서성대는 바람의 허세"나 "제풀에 녹는 눈발"처럼 가볍고 부박한 것이다. 심지어 자연이 다 되어가는 존재를 찾아가 가슴을 나누는 일조차도 "헛헛한 그리움"이 되는 세계를 그는 응시하고 있는 것이다. 여기서 '돌'이라는 존재도 정서의 섣부른 표출을 막고 자신이 사물이 되는 단계(물론 이 경우도 시적 화자가 둔감하다는 이야기는 아니다. 그는 존재의 보이지 않는 부분을 본다는 측면에서 실은 가장 예민한 촉수를 갖고 있다.)의 화육이다.

이런 그의 본원적 허무, 아픔에 대한 표상이 가장 잘 드러난 작품으로 우리는 「겨울강」을 들 수 있을 것이다. 당겨서 말하면 돌로 나타나는 단단하고 튼튼한 이미지는 여기서는 얼음으로 화한다.

> 오늘 이 아픔들을 말로 다 못할 것이라면
> 무심히 그냥 그렇게 겨울강을 가 보아라
> 은밀히 숨죽여 우는 겨울강을 가 보아라
>
> 짙푸르던 강줄기는 얼붙어 멈추었고
> 산도 굴릴 것 같던 그 몸부림도 멎었어라
> 누군가 이 뜻 알겠노라면 죽어서 묵도(默禱)하라
>
> 귀기울이면 선한 소리, 내심(內心)의 너 겨울강아
> 근심의 잔뿌리랑 잔기침의 매듭꺼정

이대로 잠보다 긴 꿈, 꿈에 갇힌 겨울강아

이제 우리네는 밤중에도 눈을 뜨고
가슴 속은 임의로 문신한 햇덩이가 탄다지만
가진 것 다 뿌려 준 후에 가득차는 이 절망아

한숨의 이 씨날에 날줄은 무얼 넣나
없는 것은 다 좋고 하나쯤 있었으면 싶은
뜨거움 숨의 뜨거움을 빙판 눕힌 겨울강아

보겠는가, 눈뜨고 눈감고 보겠는가
무심히 그냥 그렇게 겨울강을 보겠는가
상류로, 상류로부터 걱정만 쌓은 겨울강아

－「겨울강」전문

  우리는 앞에서 박시교 시에서 아픔이나 슬픔으로 표상되는 허무는 현실적 인과율에 놓여 있는 일시적이고 가변적인 형태로서가 아니라, 근원적인 양상을 띠고 있다고 말한 바 있다. 이렇게 근원적인 곳으로 그의 관심이 모아질 수 있었던 것은 이런 정서의 동기들을 시적 영역으로 옮겨 놓으려는 절실하고도 깊이 있는 고투가 있었기 때문이다. 그것은 자연의 효과적인 도입으로 이루어진다. 그는 자연을 시 속에 끌어들여 고차원적 아픔의 질서를 마련한다. 말하자면 자연의 도입은 더 큰 아픔을 실어내기 위한 시적 장치이다. 이 시에서는 겨울강이 선택된다. 물이 눈물의 확대된 모습이라면, 얼음은 그것이 결정된 극화된 모습이라는 점에서 그 의미는 대단히 심장하다.

  이것은 화자의 아픔의 정체를 확인하는 길이기도 하지만, 훨씬 근원적인 아픔을 내장하고 있는 존재로서의 자연에 자신을 잇대려는 의도도 깔려 있다. 겨울강의 모습은 절망과 아픔, 한숨 같은 것들이 함께 스며 보편적이고 본질적인 감정형태로 승화되어 있다. "짙푸르던 줄기가 얼붙어" 있고, "산을 굴릴 것 같은 몸부림도 몇"은, "근심의 잔뿌리랑 잔기침의 매듭까지 꿈에 가두어놓은" 겨울강. 겨울강은 멈춘 것 같으나 모든 것 끌어안고 있는 의지를 보여준다. 고요 속에 더 큰 정서를 품고 있는 이 겨울강의 모습은 아픔을 아픔 이상의 것으로 승화하려는 초월의 의지이다. 우선 이 시는 인간의 감정과 자연의 차이를 투영한다. 그래서 "오늘 이 아픔을 말로 다 못할" 정도로 몸부림치는 인간의 현존재로서의 고뇌는 그보다 더한 아픔을 품고도 "무심히 그냥 그렇게 흐르는 겨울강"에 이르면 자연스럽게 무화될 수 있다. "밤중에도 눈을 뜨고/ 가슴 속은 임의로 문신한 햇덩이를 태우는" 인간의 의지 역시 겨울강의 "가진 것 다 뿌려준 후에 가득차는 절망"보다는 비본질적이다. 어찌 한숨의 씨줄에 하나쯤은 끼워놓고 싶은 "숨의 뜨거움" 조차도 빙판에 눕히고 있는 자연의 본모습에 다가갈 수 있으랴. 따라서 자연의 이 뜻을 아는 것은 "죽어서 묵도(默禱)하"는 것만큼 지난할 수밖에 없다. 겨울 강은 이런 근원적 아픔을 인간을 대신하여 표상한다. 여기서 자연은 인간의 아픔을 중화시키는 대상이기도 하지만, 화자의 아픔을 현실의 시점으로 확대시키는 매재로도 작용한다. 우리는 여기서 하나의 아이러니를 발견할 수 있는데, 인간 삶의 해소될 수 없는 아픔들이 소용돌이칠 때 화자의 시선 속으로 들어온 자연은, 담담하게 표현되면 될수록 인간 쪽에 있는 이면의 아픔들은 더욱 고조된다. 여기서 한(恨)이 탄생한다. 이 때 자연으로의 대상화 과정을 통해 욕망을 차단함으로써 더 깊어지는 아픔은 개인의 경험구조를 보편적 경험구조로 환치하면서 한국인의 근원적 심성에 내재한 한의 질서를 형성한다. 우리는 여기서 "말로 다 못할" 아픔을 겨울강에 투영함으로써 우리들의 아픔을 강물의 힘을 빌어 초월적인 상태로 객관화하려는 의지를 읽을 수 있다.

이런 점에서 우리는 이 시가 "천년 맺힌 시름을/ 출렁이는 물살도 없이/ 고운 강울이 흐르듯/ 학이 날은다"는 서정주의 「학」이나, "저것 봐, 저것 봐,/ 네보담도 내보담도/ 그 기쁜 첫사랑 산골물 소리가 사라지고/ 그 다음 사람 끝에 생긴 울음까지 녹아나고/ 이제는 미칠 일 하나로 바다에 다 와 가는/ 소리죽은 가을강(江)을 처음 처음 보겠네"로 끝나는 박재삼의 「울음이 타는 가을 강」 같은 전통 서정시의 맥을 창조적으로 계승하는 자리에 놓임을 부정할 수 없다. 그러나 박시교의 시는 전통 서정시가 지니는 체념의 미학을 극복하는 자리를 설정함으로써 차별성의 근거를 마련한다. 사실 「겨울강」에서도 이미 이러한 조짐은 내재되어 있었다.

> 세상일 문닫아 버린 겨울 광릉에 가서
> 발목 잡는 눈에 갇혀 한 마리 짐승 되면
> 마침내 마음의 귀로 듣게 되는 산 우는 소리.
>
> 내 몸을 내리치는 그것은 칼바람소리
>
> 이 순백(純白)의 계절에 홀로 남루한 자, 곧은 의지의 생명들 앞에 더 없이 비굴한 자의 상심(傷心). 아아 눈숲에 엎드린 작은 나의 짐승이여
>
> 타는 듯 핏빛으로 번지는 내 안의 갈증이여.
> 　　　　　　　　　　　　　　─「겨울 광릉에서」 전문

자기를 자연에 깊숙이 담갔다가 빠져나온 기록이다. 앞의 시와 같이 이 시에서도 역시 그는 자연과의 교섭을 통해 아픔을 보편적인 정서의 경지로 승화시킨다. 자연은 현실에 구속된 자아를 이탈시키면서 본원적인 정서의 깊이

로 데리고 간다.

　눈에 갇힌 한 마리의 짐승으로, 즉 자연의 일부로 되었을 때 자아는 표면적인 정서의 배후에 있는 본질적인 정서인 허무와 조우하게 되고, 그것으로 자신의 감정을 내리친다. "마침내 마음의 귀로 듣게 되는 산 우는 소리." "내 몸을 내리치는 그것은 칼바람 소리" 같은 구절이 그것이다. 이런 과정을 거쳐서 자아는 자신의 존재를 정직하게 대면하게 된다.

　자연의 물상들에 자신의 존재의 하찮음이 비친다. 순백의 정결 앞에 님루가, 꼳은 의지의 생명 앞에 비굴이 드러난다. 자아가 한 마리의 짐승으로 엎드릴 수밖에. 눈숲에 엎드린 하강을 통해서 그의 몸은 "피빛으로 번지는 내 안의 갈증", 즉 상승의 계기를 그 안에 수용한다. 여기서 허무는 생득적이며 적극적인 의지를 수반하는 긍정적인 정서로 수용되는 것이다. 이는 "겨울나무의 견고한 고독 닮은 내 모습 찾을 수는 없을까"(「행복만들기」)라는 구절을 보면 더 명확해진다. 자연의 생명력을 자신의 일부로 수용할 때 그의 시는 힘을 얻는다.

　박시교의 시에서 주제를 효과적으로 드러내기 위하여 두드러지게 시도하는 또 하나의 방식은 함축적 청자를 활용한다는 것이다. 그의 시들 중에는 '나-너 통화체계'를 보여주는 시가 의외로 많다. 이 시집의 3부 제목이 '그대에게 가는 길'이라는 점을 생각한다면 함축적 청자에 대한 시인의 관심을 알 수 있을 것이다.

사실 '너'를 그리워하는 '나'의 감정의 표출은 서정시의 보편적인 발화 방식이다. 그러나 박시교의 시에서 '너'는 '너', '그대', 구체적인 인물 등으로 이름을 달리하면서 그 함의를 넓게 한다. '너'는 나와 상호 운동성을 가진 연관적 관계로 존재한다. '너'는 구체적인 대상일 때는 인물(임홍재, 오윤, 그림 속의 인물 등)로 드러나고, 또 「그대에게 가는 길」, 「그리움 또는 벼랑」에서처럼 연시의 형식을 띠기도 하지만, 대부분의 경우에 있어서는 화자가 그의 화법 속에 만들어낸 이상적 존재로서 기능하다. 때로는 말없이 나를 다둑일 손길(「손」)로 존재하다가, 「가슴으로 오는 새벽」에서는 자유, 민주, 통일이라는 이름과 등가의 관계로 놓이기도 한다.

그러나 '너'의 모습이 어떻게 나타나더라도 "저 그림 속 세상 사람들은 적어도 속물은 아니야"(「쓸쓸한 초상」)에서 보듯, '너'는 '나'의 일상성을 반성하게 하는 존재가 된다. 그가 만나는 일상의 사람들조차 이러한 원활한 운동성이 만들어낸 인물들이다. 그는 그들의 "이마에 깊은 강, 퍼런 시름의 강"(「바람집·5」)을 새기고 있는 것을 읽는다. 그들은 허무를 사는 사람들이다. 그 허무를 수동적인 세계 인식으로서가 아니라, 세계와 맞서 치열한 내면 싸움을 해 나가는 과정을 통해 느끼는 능동적인 삶의 태도로서 간직하고 있다.

3

우리는 여기서 박시교 시에 나타나는 '자연'과 '너'가 하나로 만나는 지점을 본다. 그것은 이 둘이 모두 시적 화자인 '나'의 존재전환의 계기를 마련해주는 대상들이라는 것이다.

그는 자연이나 함축적 청자인 '너'를 시 속에 끌어들여 감정의 고차원적 질서를 마련하고, 자아를 확인한다. 특히 주체와 객체의 융합, 그리고 주체의 확인이라는 구조의 변주를 통해 본질적인 허무의 정서에 접근하는, 자연을 시 속에 끌어들여 고차원적 아픔의 질서를 마련하는 그의 대부분의 시들은 체념의 미학이라는 전통 서정시의 정서를 극복하고, 한 단계 성숙시켰다고 할 수 있다. 이 허무는 "또 한번 쓰러지기 위해" 나를 일어서게 하는, "삶의 처연한 상처까지도 아름답"(「빈 손을 위하여」)게 만드는 동력이다. 이는 결국 "평생을 두고 절대 마를 수 없는", "사람들 저마다 가슴에 은밀히 간직한 샘"(「너의 강·3」), 사랑의 다른 이름이다.

박시교 연보

1945년 5월 23일(음력) 경북 봉화군 봉성면 원둔리에서 父 박인하(朴仁河), 母 강말례(姜末禮)의 차남으로 출생(호적상 생년월일은 1947년 3월 25일로 기재됨).

1970년 1월 대구매일신문 신춘문예에 시조「온돌방」이 당선(이호우, 심재완 선).

10월 월간 시전문지『현대시학』에「노모상」「접목」등이 추천되어 등단(이영도 선).

1971년 6월 국토통일원 현상문예공모에 시「북으로 가는 길」이 당선(박두진, 홍윤숙 선).

1973년 동인지『현대율』창간 동인으로 참여.

1974년 이후부터 시조월평 및 시조론 등을 계속해서 발표.

1978년 10월 21일 이민숙(李珉淑)과 결혼.

1979년 7월 6일 첫딸 은지(銀池) 출생.

1980년 첫시집『겨울강』(문예비평사)을 펴냄.

1980년 8월 1일 둘째딸 은해(銀海) 출생.

1983년 윤금초, 이우걸, 유재영 등과『네 사람의 얼굴』(문학과지성사)을 펴냄.

1983년 9월 24일 아들 준(俊) 출생.

1984년 『저항시인 동주, 육사, 상화』(편저, 삼중당)를 펴냄.
1988년 오늘의 시조학회 창립회원으로 참여.
1989년 시조론『백수 정완영 세계의 열림과 그 한계』등 개인 시론 다수 발표.
1991년 제1회 오늘의 시조문학상 수상(「겨울 광릉에서」).
1996년 제15회 중앙시조대상 수상(「빈 손을 위하여」).
추계예술대학 문예창작과에 시조론 및 창작실기 출강.
1997년 시집『가슴으로 오는 새벽』(책만드는집)을 펴냄.
제7회 이호우문학상 수상(시집『가슴으로 오는 새벽』).